W0172535

Christiane Diabo

Tierkinder selbst genäht

Christiane Diabo

Tierkinder selbst genäht

20 Schnittmuster in Originalgröße
Mit zwei Vorlagenbogen

AUGUSTUS

Inhalt

Vorwort

Liebe Leser, erinnern Sie sich auch so gerne an die Weggefährten Ihrer Kindheit, diese kuscheligen treuen Freunde, die immer für einen da waren, zuhörten, beim Einschlafen halfen und bei vielen Gelegenheiten trösteten? Je abgenutzter und lädierter sie aussahen, umso mehr wurden sie geliebt – oft ein Leben lang.

Aber auch Jugendliche und Erwachsene mögen Schlenkermäuse, Plüschlämmer oder Langohren. Lassen Sie sich mit diesem Buch in das Reich der Kuscheltiere entführen. Ob als Geschenk zur Geburt, als Spielkamerad für Kinder oder zur Dekoration für die Wohnung und das Auto, bestimmt ist etwas dabei, was Ihnen gefällt.
Mit den Schritt-für-Schritt-Anleitungen können auch Anfänger ihr erstes Kuscheltier arbeiten.

Viel Freude und gutes Gelingen wünscht Ihnen

Christiane Diabo

Material und Werkzeug

Das wird gebraucht

Material
- Web- oder Wirkfellstoffe in verschiedenen Farben und Florhöhen,
- Tieraugen und Tiernasen,
- Sticktwist oder schwarze Wolle,
- evtl. Barthaare aus Nylon,
- Gelenke,
- Kunststoffgranulat,
- Füllwatte,

- Pfeifenputzer (Chenillebiegedraht),
- reißfester Zwirn,
- Nähgarn und
- Stoffreste für die Halstücher (25 x 25 cm).

Werkzeuge
- Maßband,
- kleine spitze Schere,
- wasserfester Filzstift,
- Gelstift für dunkle Stoffe,
- Näh- und Sticknadel,

- Zange,
- Kaffeelöffel,
- Metallkleber,
- Stopfwerkzeug oder Holzlöffel,
- Drahtbürste,
- Dorn oder spitzer Bleistift und
- lange Stecknadeln.

Zum Übertragen der Vorlagen benötigen Sie außerdem

- Fotokarton,
- Transparentpapier,
- Klebstoff,
- Schere und
- Kugelschreiber.

Das Material im Einzelnen

Felle

Fellstoffe sind in vielen Farben und Qualitäten im Hobbyfachhandel und in Stoffgeschäften erhältlich. Das Material bestimmt in erster Linie das Aussehen des Plüschtieres. Man unterscheidet zwischen gewebten und gewirkten Stoffen.

Webfellstoffe haben eine feste gewebte Rückseite und sind sehr strapazierfähig. Sie lassen sich gut zuschneiden und behalten beim Nähen und Ausstopfen ihre Form. Sowohl Kunsthaar- als auch Mohairwebstoffe sind in der Regel qualitativ hochwertig, haben aber auch ihren Preis.

Wirkfelle haben eine gestrickte Rückseite und lassen sich dadurch mehr oder weniger dehnen. Je dehnbarer der Stoff ist, umso mehr muss das Tier ausgestopft werden. Es wird dadurch automatisch größer. Vor dem Verarbeiten sollte deshalb eine Gewebeeinlage aufgebügelt werden, um ein Ausleiern der Nähte und Ausbeulungen beim Stopfen zu vermeiden. Die Herstellung eines Stofftieres mit Wirkfellen ist zwar preisgünstiger als mit Webfellstoffen, aber auch etwas mühsamer.

Verwendet man hochwertige Stoffe, ist das Kuscheltier bei 30 °C in der Waschmaschine waschbar. Es wird dafür in einen Kopfkissenbezug gesteckt, damit die Augen in der Trommel nicht verkratzen. Für den Schonwaschgang verwenden Sie ein Feinwaschmittel, aber keinen Weichspüler. Nach dem Waschen das Tier kurz schleudern und, wenn möglich, etwa zehn Minuten in den Trockner geben, damit es wieder schön flauschig wird, auch hier im Schongang und bei niedriger Temperatur. Zum weiteren Trocknen setzt man das Kuscheltier an einen warmen Platz und bürstet später den Flor mit einer Drahtbürste wieder in Form.

Die in diesem Buch gezeigten Tiere wurden alle von Hand angefertigt. Eine Nähmaschine ist deshalb nicht erforderlich und sollte nur verwendet werden, wenn man den Umgang damit gut beherrscht, da die Felle, auch wenn Sie geheftet werden, sehr leicht verrutschen.

Augen und Nasen

Tieraugen und -nasen gibt es in verschiedenen Ausführungen, Farben und Größen. Sie verleihen

dem Tier den lebendigen Ausdruck. Bei allen Tieren in diesem Buch wurden Kunststoffnasen und -augen mit Sicherheitsscheiben verwendet. Somit ist gewährleistet, dass sich die eingesetzten Teile nicht so leicht vom Untergrund lösen können, was vor allem bei Tieren für kleine Kinder wichtig ist. Der Sitz der Augen ist bei jedem Schnittmuster angegeben und muss deshalb genau mit eingezeichnet werden, wenn alle Buchstaben, Zahlen und Beschriftungen übertragen werden.

Gelenke
Ein Gelenk sorgt dafür, dass der Kopf aller hier vorgestellten Tiere beweglich ist. Man unterscheidet zwischen einem Kunststoff- und einem Schraubengelenk.

Das **Kunststoffgelenk** besteht aus einer Scheibe mit festem Rasterstift, einer Unterlegscheibe und einer Sperrscheibe. Es lässt sich leicht einsetzen, hat aber den Nachteil, dass durch das Raster keine Feinregulierung möglich ist und der Kopf nicht immer fest am Körper sitzt. Auch kann der Kunststoffstift abbrechen.

Das **Schraubengelenk** (siehe Foto) besteht aus zwei gelochten Kunststoffscheiben, einer Schraube und einer Flügelmutter. Es lässt sich einfach einarbeiten und durch die Feinregulierung der Schraube kann der Kopf gut befestigt werden.

Damit sich der Kopf auch bei Beanspruchung nicht lösen kann, sollten Sie die Flügelmutter mit Klebstoff fixieren.

Füllmaterial
Zum Füllen der Tiere lässt sich hochwertige Synthetik-Füllwatte ideal verarbeiten. Sie klumpt nicht, ist waschbar und das Tier behält die Form. Um den Armen und Beinen Gewicht zu verleihen, werden sie bei einigen Kuscheltieren mit Kunststoffgranulat gefüllt. Beides ist im Hobbyfachhandel erhältlich.

Allgemeine Arbeitshinweise

Herstellen der Schablonen

Alle Schnittmuster sind in Originalgröße auf dem Vorlagenbogen abgedruckt und mit dem Namen des jeweiligen Tieres versehen. Sie enthalten keine Nahtzugabe.

Das Transparentpapier wird auf den Vorlagenbogen gelegt und die Schnittteile werden mit einem Kugelschreiber oder Bleistift abgepaust. Wichtig ist, dass alle Markierungen, Augenpunkte, Pfeile, Buchstaben und Zahlen mit übertragen werden. Danach wird das Transparentpapier auf feste Pap-

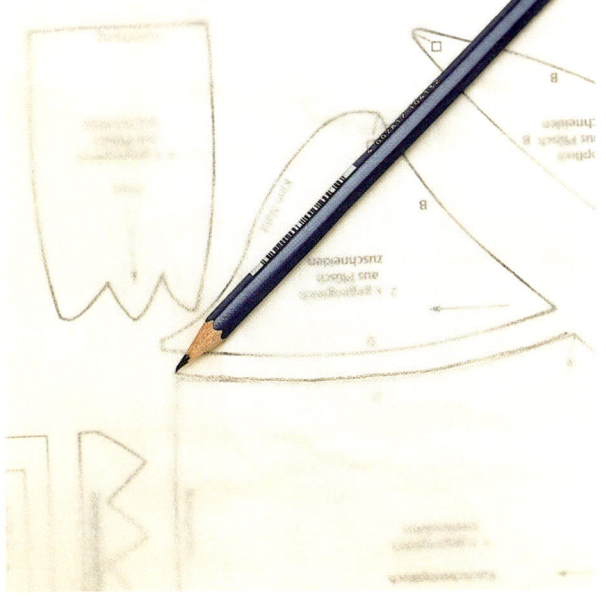

pe oder Tonkarton geklebt und die Schablonen werden sauber den Linien entlang ausgeschnitten.

Damit beim Zuschneiden des Felles kein Schnittteil vergessen wird und man mit dem vorgegebenen Fell auskommt, sollte man *alle* benötigten Teile als Schablonen anfertigen. Das heißt, dass die Teile, die spiegelbildlich gebraucht werden (z. B. ein rechtes Bein und ein linkes Bein) deshalb auch gleich als zwei gespiegelte Schablonen angefertigt werden. Teile, die nur halb gegeben sind (z. B. Vorderteil Lamm Ricky), werden an der Stoffbruchlinie zum ganzen Teil ergänzt.
Die Augenpunkte werden mit einer spitzen Sticknadel durchstochen.

Der Originalschnitt kann mit Hilfe eines Kopierers verkleinert oder vergrößert werden. Allerdings müssen Sie dabei beachten, dass sich die Propor-

tionen bei größeren Abweichungen verändern. Gleichzeitig verändert sich auch der Materialver-

Allgemeine Arbeitshinweise

brauch und eventuell die Größe der Augen und des Gelenks.

Die in diesem Buch vorgestellten Kuscheltiere wurden alle aus Webstoff mit verschiedenen Florhöhen gefertigt. Nach Möglichkeit immer die in der Anleitung angegebene Florhöhe verwenden, damit das Tier auch dem Original gleicht. Wird kürzeres Fell verarbeitet, wirkt das Kuscheltier nackt, umgekehrt erkennt man kaum die Konturen.

Verschiedene Sticharten

Rückstich

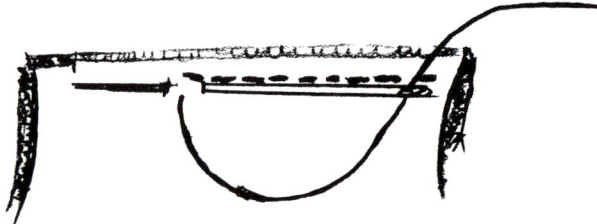

Rollstich

Matratzenstich

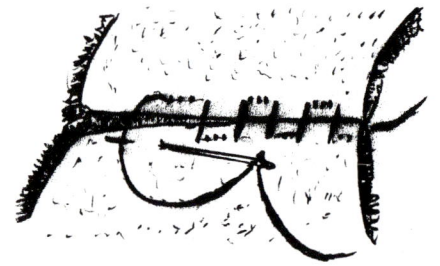

Arbeiten am Gesicht

Bei einigen Tieren mit langem Fell verdecken die Haare zum Teil die Augen. Deshalb das Fell um die Augen herum mit einer spitzen scharfen Schere etwas kürzen, aber Vorsicht: Nicht zuviel abschneiden!

Maus und Katze sehen mit Schnurrbarthaaren richtig echt aus. Die Nylonschnurhaare stehen besser vom Kopf ab, haben aber den Nachteil, dass sie beim Kuscheln pieken.

Eine Alternative ist schwarzer Zwirn. Die Schnur wird in eine Nadel eingefädelt, doppelt genommen und nach etwa 8 cm am Ende verknotet. Nun wird die Nadel in Nähe der Nase quer durch die Schnauze gezogen, direkt auf der anderen Seite werden die beiden Fäden wieder verknotet und nach 8 cm abgeschnitten. Wenn Sie diesen Vorgang zweimal wiederholen, befinden sich auf jeder Schnauzenseite sechs Schnurrhaare. Diese werden dann noch auf die gewünschte Länge gleichmäßig gekürzt.

Versteifen bzw. Anbringen der Ohren

Bei manchen Tieren werden laut Anleitung Pfeifenputzer (Chenillebiegedraht) mit in die Ohren eingearbeitet, um sie in Form zu halten. Diese werden vor dem Wenden in der Rundung angenäht und nicht gekürzt. Beim Stopfen des Kopfes werden die Enden an die Kopfseitenteile gelegt.

Bei einigen anderen Kuscheltieren werden die Ohren an den bereits fertig ausgestopften Kopf angenäht. Die Nahtzugabe wird nach innen umgeklappt, die Ohren mit langen Stecknadeln am Kopf festgesteckt und mit Matratzenstich befestigt.

Ausstopfen

Bei der Füllmenge wurde in den Anleitungen auf eine genaue Angabe in Gramm verzichtet, da es in der Regel nur größere Packungen zu kaufen gibt.

Die Schlenkertiere werden mit etwa 60 g Watte und 140 g Granulat gefüllt. Die kleineren Tiere, z. B. die Pinguine, brauchen etwas weniger und der Bär Baluri sowie das Känguru Skippy benötigen etwa 200 g Füllwatte. Kopf und Körper werden bei allen Tieren fest und gleichmäßig ausgestopft. Arme und Beine müssen bei den Schlenkertieren gut beweglich sein und werden zu je etwa 30–40 g mit Granulat gefüllt. Wer sie fülliger haben möchte, kann etwas Watte mit dem Holzlöffel nachschieben. Arme und Beine dürfen aber nicht vom Körper abstehen.

Anfertigen einer Halsdekoration

Für die Halstücher werden 25 x 25 cm große Stoffstücke diagonal durchgeschnitten und an der Spitze ausgefranst.

Bevor die Arbeit an einem Kuscheltier begonnen wird, sollten auf jeden Fall die allgemeinen Hinweise und die Schritt-für-Schritt-Anleitung von »Lamm Ricky« gelesen werden, da einige Arbeitsschritte in den folgenden Anleitungen nicht wiederholt werden.

Schritt-für-Schritt-Anleitung »Lamm Ricky«

Abbildung Seite 12, Schnittmuster siehe Vorlagenbogen Seite A

Das wird gebraucht

- Fell in Beige, gelockt, Florhöhe 23 mm, 50 x 46 cm
- Fell in Beige, Florhöhe 11 mm, 35 x 25 cm
- Augen in Schwarz, 12 mm Ø
- Gelenk, 35 mm Ø
- Sticktwist in Schwarz
- Granulat und Füllwatte

So wird's gemacht

Die ausgeschnittenen Schablonen werden auf der Stoffrückseite ausgelegt (siehe Foto 1, S. 13). Wichtig ist, dass die Laufrichtung des Flors mit dem Pfeil auf den Schnittteilen übereinstimmt und genügend Platz für die Nahtzugabe zwischen den Teilen bleibt (etwa 5 mm um jede Schablone). Der Pfeil zeigt in die Richtung, in die sich der Flor glatt streichen lässt.

Mit einem dünnen wasserfesten Filzstift werden die Schnittteile und alle Markierungen auf den Stoff übertragen. Dann werden die aufgemalten Teile mit Nahtzugabe ausgeschnitten. Die Fell-

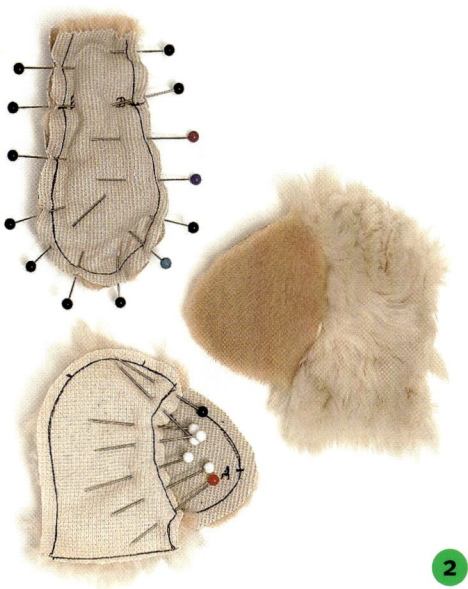

haare dürfen dabei nicht mit abgeschnitten werden. Man schneidet mit einer spitzen scharfen Schere und kleinen Schnitten nur das Stoffgewebe.

Mit Hilfe der Angaben (Buchstaben bzw. Zahlen) werden die Schnittteile einander zugeordnet und passgenau (Buchstabe auf Buchstabe, Zahl auf Zahl) rechts auf rechts mit Stecknadeln zusammengefügt (siehe Foto 2). Der Flor wird beim Stecken mit der Nadel nach innen geschoben, damit er mit erfasst wird. Es werden zuerst die äußeren Punkte einer Naht fixiert und dann arbeitet man sich zur Mitte hin.
Genäht wird mit doppeltem Faden und normalem Nähgarn auf der Linie (Rückstich). Auf beiden Seiten muss die Naht mit den Filzstiftlinien übereinstimmen. Die Reihenfolge der einzelnen Arbeitsgänge:

Kopf

Ohren nähen und wenden.
Kopfseitenteile zusammenfügen. Dabei jeweils

die kurzen Fellteile am Lockenfell anbringen. Naht von F nach A schließen.
Keilteile zusammensetzen und in die beiden Kopfseitenteile von A über B nach C einarbeiten, dabei die Ohren direkt mit einnähen. Die Ohrenden werden unter den Keil gelegt und *nicht* an die Kopfseitenteile. Die Augen werden eingesetzt, wenn an beiden Seiten Punkt D erreicht ist. Mit

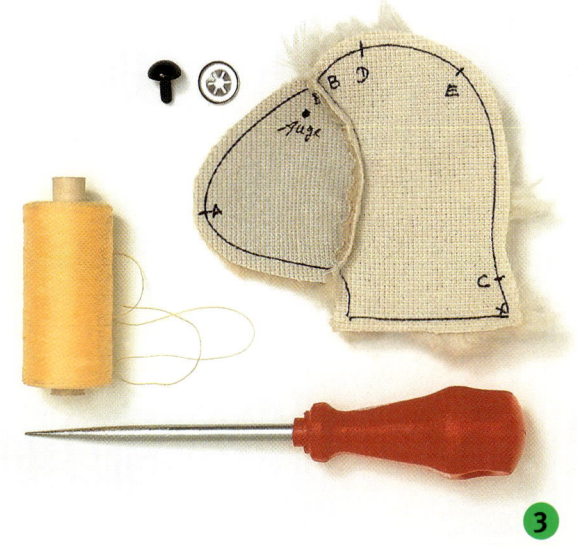

(4)

Das zweite Auge genauso einsetzen.
Naht von C nach X schließen (siehe Foto 4).
Kopf wenden (mit einer Zange vorsichtig an den
Ohren ziehen) und mit Hilfe eines Holzlöffels
sorgfältig ausstopfen.
Man nimmt immer kleine Portionen Füllwatte und
füllt zuerst die Nasenspitze und dann nach und
nach den ganzen Kopf, bis er gleichmäßig rund
und fest ist. Die Halsöffnung bleibt frei.
Halsrand mit einem stabilen reißfesten Faden und
dem Rollstich einkräuseln. Gelenkschraube und
Kunststoffscheibe hineinstecken, Faden festzie-
hen, verknoten und mit mehreren Stichen um die
Schraube herum vernähen (siehe
Foto 5).
Nase gemäß Zeichnung sticken.

Körper

Beine von O nach P an das Vorderteil nähen.
Rückennaht von R nach W schließen. Dabei Wen-

einem Dorn oder einem spitzen Bleistift an dem
angegebenen Punkt vorsichtig ein Loch bohren,
bis der Augenstift von der Fellseite aus hindurch-
passt. Das Auge (damit es nicht beschädigt wird,
ein Fellstück unterlegen) auf einen festen Untergrund legen, die Sicherheitsscheibe auf den Stift
setzen und mit Hilfe einer Garnrolle fest auf das
Auge drücken (siehe Foto 3, S. 13).

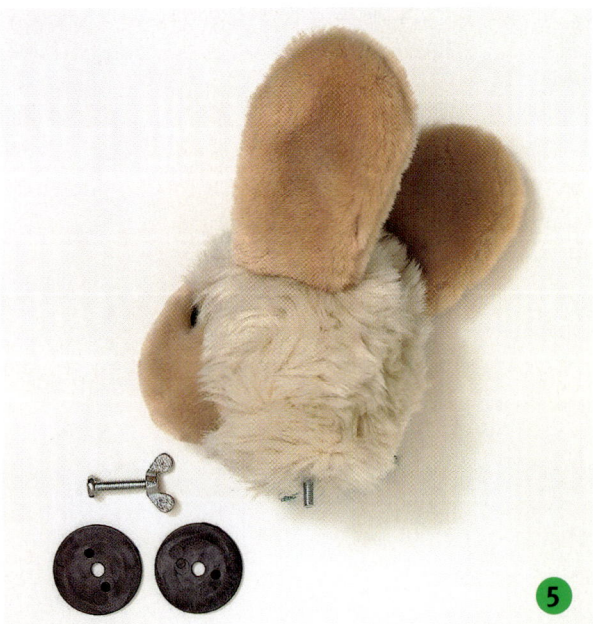

(5)

(6)

deöffnung aussparen. Füße (viermal von G nach H) und Hände (zweimal von Y nach Z) an das Vorder- und Rückenteil arbeiten (siehe Foto 6). Rücken- und Vorderteil zusammennähen (zweimal von K über G nach P und L-H-O-M-Z-Y-R-Y-Z-M-O-H-L). Auf den Fotos 7 und 8 sehen Sie den fertigen Körper von beiden Seiten.

Po (W-P-S-P-W) und Sohlen (K-L-K) einarbeiten. Körper mit Hilfe eines Holzlöffels wenden. Man beginnt jeweils an den Arm- und Fußspitzen und schiebt sie einzeln durch die Wendeöffnung. Schraube vom Kopf am Hals (Punkt R) durchstecken, eventuell mit dem Dorn oder dem Bleistift vorsichtig vorbohren, Scheibe gegensetzen und die Flügelmutter so festdrehen, dass sich der Kopf nur schwer bewegen lässt.

Damit sich die Verschraubung mit der Zeit nicht lockert, werden auf die Flügelmutter einige Tropfen Metallkleber gegeben und die Klebestelle mit etwas Füllwatte umwickelt. Wichtig: Aufpassen, dass kein Klebstoff ans Fell kommt!

Arme und Beine mit Hilfe eines Kochlöffels mit Granulat füllen (Beine je sechs Kaffeelöffel, Arme je fünf Kaffeelöffel).

Körper fest mit Füllwatte ausstopfen (siehe Foto 9).

Wendeöffnung schließen. Fell mit der Drahtbürste in Form bringen und Halstuch umlegen.

7

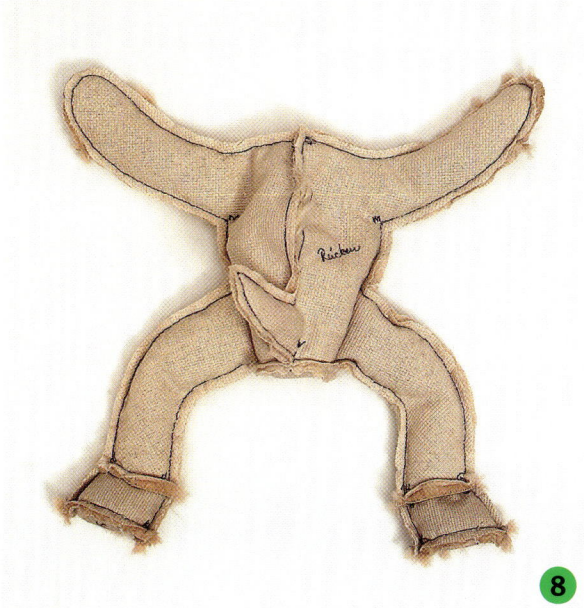

8

9

Drachenpaar Tobi und Robi

Schnittmuster siehe Vorlagenbogen Seite A

Material (für ein Tier)

- Fell in Grün, Florhöhe 11 mm, 45 x 46 cm
- Fell in Gelb oder Rot, Florhöhe 7 mm, 40 x 35 cm
- Schielaugen, 20 mm Ø
- Augen in Schwarz für die Nasenlöcher, 10 mm Ø
- Gelenk, 35 mm Ø
- Granulat und Füllwatte

So wird's gemacht

Kopf

Kopfkeil in die beiden Kopfseitenteile von A nach C einfügen.

Augen durch die markierten Punkte stecken und mit der Scheibe befestigen.

Naht von M nach E schließen.

E auf B legen und quer zunähen (A-B/E-A).

Nasenlöcher wie die Augen einarbeiten.

Nähte von M nach F und von C nach D schließen.

Kopf wenden (mit der Nasenspitze beginnen) und gleichmäßig rund und fest mit Füllwatte ausstopfen, dabei Hals frei lassen.

Gelenkschraube und -scheibe in die Halsöffnung stecken und Hals fest zunähen.

Körper

Hände an die Arme nähen (viermal von G nach H).

Bauchnaht an den Vorderteilen von J nach K und von L nach P schließen.

Bauchteil einfügen (K-L-K).

Rückennaht an den Rückenteilen von J nach N schließen. Dabei Wendeöffnung aussparen.

Beine an das Vorderteil nähen (S-R).

Rücken an das Vorderteil arbeiten (zweimal J-G-H-S-Y).

Füße annähen (X-Y-X).

Innennaht (jeweils Z-X-R) schließen.

Sohlen und Po einfügen.

Körper wenden.

Schraube vom Kopf vorsichtig am Hals (Punkt J) durchstecken, Scheibe gegensetzen und mit der Flügelmutter festdrehen.

Arme (je drei Teelöffel) und Beine (je vier Teelöffel) mit Granulat füllen.

Körper fest mit Füllwatte ausstopfen.

Wendeöffnung schließen.

Flügel und Kämme nähen, wenden und von außen an den Drachen arbeiten. Die Teile werden nicht ausgestopft.

Baluri, der Bär

Schnittmuster siehe Vorlagenbogen Seite A

Material

- Fell in Grau, Florhöhe 11 mm, 70 x 50 cm
- Fell in Weiß, Florhöhe 23 mm, 18 x 13 cm
- Fell in Weiß, Florhöhe 7 mm, 13 x 10,5 cm
- Schielaugen, 20 mm Ø
- Gelenk, 35 mm Ø
- Pompon in Schwarz, 20 mm Ø
- Granulat und Füllwatte
- Stickgarn in Schwarz für den Mund
- Halstuch, 25 x 25 cm

So wird's gemacht

Kopf

Keil von A nach E in die Kopfseitenteile einarbeiten.

Schnauzenteil von C über A, B und A nach C nähen. Die Naht von E nach F schließen.

Augen an den angegebenen Punkten einsetzen.

Naht von X über C nach D schließen.

Kopf wenden und gleichmäßig rund und fest mit Füllwatte stopfen, dabei Nasenspitze nicht vergessen.

Hals frei lassen, Gelenkschraube und -scheibe hineinstecken und Halsöffnung fest zunähen.

Pompon und Ohren annähen.

Mund sticken.

Körper

Abnäher von Bauch und Füßen schließen.

Beine an die Vorder- bzw. Rückenteile arbeiten (von P nach O und von G nach H).

Naht von T über O nach Y nähen.

Bauch einfügen (S-T-S).

Naht von R nach S nähen.

Rückennaht – bis auf die Wendeöffnung – schließen (von R über G nach Y).

Füße an die Vorderbeine annähen (J-W-J).

Seitennähte schließen (von R über Z, H/P, J nach K).

Innennaht (K-J-X-Y-X-J-K) zunähen.

Sohlen einarbeiten.

Körper wenden.

Schraube vom Kopf vorsichtig bei Punkt R durchstecken, Scheibe gegensetzen und mit der Flügelmutter festdrehen.

Füße (etwa sechs Teelöffel) und Arme (etwa fünf Teelöffel) mit Granulat füllen.

Beine und Körper mit Füllwatte ausstopfen.

Wendeöffnung schließen und Halstuch umlegen.

Rabenpaar Jakob und Josefine

Schnittmuster siehe Vorlagenbogen Seite A

Material (für ein Tier)

- Fell in Schwarz, Florhöhe 13 mm, 45 x 46 cm
- Fell in Gelb, Florhöhe 11 mm, 28 x 16 cm
- Augen in Gelb, 14 mm Ø
- Gelenk, 35 mm Ø
- Granulat und Füllwatte
- Nähgarn in Gelb
- Halstuch oder Schal

So wird's gemacht

Kopf

Schnabelober- und Schnabelunterteil zusammennähen (1-4-1).
Augen durch die markierten Punkte in den Kopfseitenteilen stecken und mit der Scheibe befestigen.
Schnabel auf rechts wenden und in die beiden Kopfseitenteile einfügen, jeweils von 3 über 1 nach 2.
Schnabel auf links drehen und Kopfnähte schließen (5-3-20 und 7-2-6).
Kopf wenden und gleichmäßig rund und fest mit Füllwatte ausstopfen. Dabei Schnabel nicht vergessen und den Hals frei lassen.
Gelenkschraube und -scheibe in den Hals stecken und diesen fest zunähen.

Körper

Füße an die vorderen Beinteile (16-18-15) sowie Beine an das Vorderteil nähen (12-14).
Naht schließen (11-12-22).
Hintere Beinteile von 14 nach 13 an die Rückenteile arbeiten.

Rückennaht schließen (8-9, 10-19-13-22).
Dabei Wendeöffnung aussparen.
Sohlen an die Beinteile arbeiten (16-17-15).
Vorder- und Rückenteil zusammenfügen (8-21-14-16-23-15-22-15-23-16-14-21-8).
Körper wenden.
Schraube vom Kopf vorsichtig am Hals (Punkt 8) durchstecken, Scheibe gegensetzen und mit der Flügelmutter festdrehen.
Füße mit Granulat (etwa sechs Teelöffel) füllen oder wahlweise Füße und Beine fest mit Füllwatte ausstopfen, dann kann der Rabe stehen.
Flügel mit Granulat (etwa fünf Teelöffel) füllen.
Körper mit Füllwatte in Form bringen.
Wendeöffnung schließen.
Füße mit gelbem Nähgarn absteppen.
Halstuch oder Schal umlegen.

Hase Muckelchen

Schnittmuster siehe Vorlagenbogen Seite A

Material

- Fell, gescheckt oder uni, Florhöhe 11 mm, 45 x 35 cm
- Fell in Weiß, Florhöhe 7 mm, 12 x 18 cm
- Fell in Braun für die Nase, Florhöhe 11 mm, 3 x 3 cm
- Augen in Braun, 12 mm Ø
- Gelenk, 25 mm Ø
- 2 Pfeifenputzer, je 30 cm lang
- Stickgarn in Schwarz für den Mund und evtl. Zwirn für Barthaare
- Füllwatte
- Halstuch, 25 x 25 cm

So wird's gemacht

Kopf

Ohren nähen.
Pfeifenputzer mit einigen Stichen am Punkt Z befestigen und danach die Ohren wenden.
Naht von F nach A (Kopfseitenteile) schließen.
Nase (dunkles Fell) an den Keil (D-D) nähen.
Keil von A nach B an die Kopfseitenteile nähen, Ohren mit einfügen, dabei X auf X einklappen.
Naht von B nach E schließen.
Kopf wenden und gleichmäßig rund und fest mit Füllwatte stopfen. Die Pfeifenputzer werden nicht gekürzt, sondern entlang der Kopfseitenteile gelegt.
Hals frei lassen, Gelenkschraube und -scheibe hineinstecken und Halsöffnung fest zunähen.
Mund sticken.
Eventuell Barthaare einziehen.

Körper

Rückennaht von J nach G und Bauchnaht von G nach J schließen. Wendeöffnung aussparen.
Rückenteil an das Bauchteil arbeiten (P-M-H-G-H-M-P und O-K-J-K-O).
Sohlen einarbeiten.
Körper wenden.
Schraube vorsichtig an Punkt G durchstecken, Scheibe gegensetzen und mit der Flügelmutter festdrehen.
Beine locker, den Körper etwas fester mit Füllwatte ausstopfen.
Wendeöffnung schließen und Halstuch umlegen.

Schlenkermaus Pieps

Schnittmuster siehe Vorlagenbogen Seite B

Material

- Fell in Grau, Florhöhe 13 mm, 50 x 46 cm
- Fell in Weiß, Florhöhe 10 mm, 28 x 10 cm
- Fell in Schwarz, Florhöhe 7 mm, 4 x 2 cm
- Augen in Schwarz, 12 mm Ø
- Gelenk, 35 mm Ø
- Kordel in Grau für den Schwanz, ca. 30 cm lang
- Granulat und Füllwatte
- Sticktwist
- fester Zwirn oder Nylonschnur in Schwarz für die Barthaare
- Halstuch, 25 x 25 cm, und Käseanhänger

So wird's gemacht

Kopf

Nase an den Keil nähen (B-B).
Keil in die beiden Kopfseitenteile einarbeiten (A-G-C).
Augen an den angegebenen Punkten einsetzen.
Nähte von C nach D und von F über A nach E schließen (E muss oben sein!).
Kopf wenden und gleichmäßig rund und fest mit Füllwatte ausstopfen. Nasenspitze dabei nicht vergessen.
Hals frei lassen, Gelenkschraube und -scheibe hineinstecken und Hals fest zunähen.
Ohren nähen und wenden, Nahtzugabe nach innen klappen und die Ohren ohne Füllwatte mit Matratzenstich am Kopf befestigen.
Mund sticken.
Barthaare einziehen.

Körper

Hände an die Vorderteile (U-J), Füße an die vorderen Beine (S-R-S) nähen. Vordere Beinteile (H-J) an die Körpervorderteile arbeiten.
Bauchnaht an den Vorderteilen schließen (M-J-L).
Hintere Beinteile (H-K) an die Rückenteile arbeiten.
Rückennaht von M nach X und von W über K nach L zunähen. Dabei graue Kordel (Schwanz) mitfassen.
Vorderteil und Rückenteil zusammennähen.
Außennaht: N-S-H-J-U-M-U-J-H-S-N,
Innennaht: N-S-L-S-N.
Fußabnäher schließen, an die Beine nähen und Sohlen einarbeiten.
Körper wenden.
Schraube vom Kopf vorsichtig an Punkt M durchstecken, Scheibe gegensetzen und mit der Flügelmutter festdrehen.
Beine und Arme mit Granulat füllen.
Körper fest mit Füllwatte ausstopfen, Wendeöffnung schließen und Halstuch umlegen.

Kuschelbären Schneeflocke und Honeymoon

Schnittmuster siehe Vorlagenbogen Seite B

Material (für ein Tier)

- Fell in Weiß oder Braun, gelockt oder glatt, Florhöhe 23 mm, 50 x 46 cm
- Fell in Weiß oder Braun, Florhöhe 7 mm, 17 x 13 cm
- Fell in Schwarz, Florhöhe 7 mm, 4 x 3 cm
- Augen in Schwarz, 12 mm Ø
- Gelenk, 35 mm Ø
- Granulat und Füllwatte
- Sticktwist in Schwarz
- evtl. Halstuch, 25 x 25 cm

So wird's gemacht

Kopf

Teile, wie abgebildet, zusammenfügen.

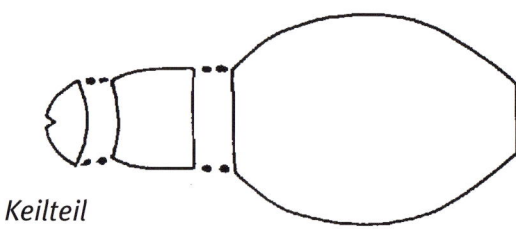

Keilteil

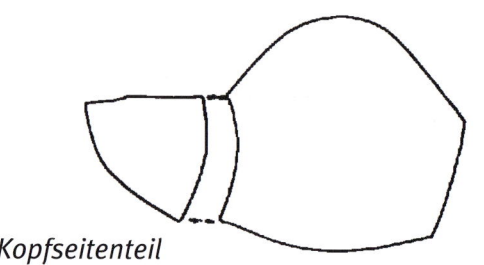

Kopfseitenteil

Keil in die beiden Kopfseitenteile einarbeiten (A-B-C-D).
Augen an den angegebenen Punkten einsetzen.
Naht von F über E nach A schließen.
Kopf wenden und gleichmäßig rund und fest mit Füllwatte ausstopfen. Nasenspitze nicht vergessen.
Hals frei lassen, Gelenkschraube und -scheibe hineinstecken und fest zunähen.
Mund sticken.
Ohren nähen, wenden und ungefüllt mit Matratzenstich an den Kopf nähen.

Körper

Bauchnaht von M nach G schließen. Dabei Wendeöffnung aussparen.
Rückennaht ebenfalls von M nach G schließen.
Bauch- und Rückenteil zusammennähen (H-G-H und J-K-L-M-L-K-J).
Sohlen einarbeiten (H-J).
Körper wenden.
Schraube vom Kopf vorsichtig an der markierten Stelle durchstecken, Scheibe gegensetzen und mit der Flügelmutter festdrehen.
Beine locker mit Granulat füllen, Bauch mit Füllwatte ausstopfen.
Wendeöffnung schließen und eventuell Halstuch umlegen.

Fuchs Foxy

Schnittmuster siehe Vorlagenbogen Seite B

Material

- Fell in Rotbraun, Florhöhe 13 mm, 55 x 46 cm
- Fell in Weiß, Florhöhe 13 mm, 25 x 14 cm
- Fell in Weiß, Florhöhe 23 mm, 14 x 14 cm
- Fell in Schwarz für die Nase, Florhöhe 13 mm, 4 x 4 cm
- Augen in Braun, 14 mm Ø
- Gelenk, 35 mm Ø
- Sticktwist in Schwarz
- evtl. Schnurrhaare
- Granulat und Füllwatte
- Halstuch, 25 x 25 cm, und Gansanhänger

So wird's gemacht

Kopf
Teile, wie abgebildet, zusammennähen.

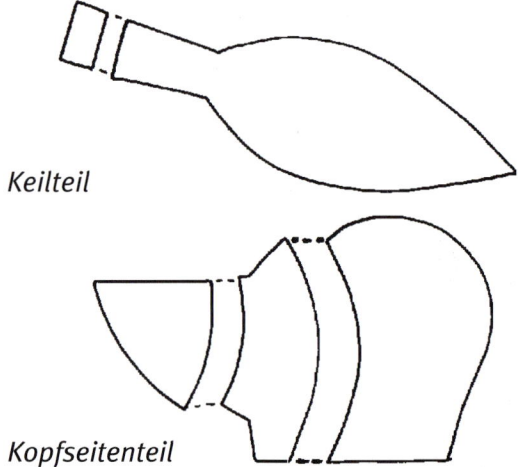

Keilteil

Kopfseitenteil

Keil in die beiden Kopfseitenteile (A über C und D nach G) einarbeiten.
Augen an den angegebenen Punkten einsetzen.

Naht von G nach H und Naht von J über F und A nach E schließen (E muss oben sein!).
Hals frei lassen, Gelenkschraube und -scheibe hineinstecken und fest zunähen.
Ohren nähen, wenden und von außen (ohne Füllwatte) mit Matratzenstich am Kopf befestigen.

Körper
Vorderteil
Pfoten, Beine und Füße an die jeweiligen Körperhälften arbeiten.
Bauchnaht von 1 über 4 nach 6 schließen.
Rückenteil
Weiße Schwanzspitzen an die beiden Schwanzteile nähen. Beine und Schwanzhälften an die Rückenteile nähen.
Rückennaht von 1 über 13, 15, 16, 14, 7 nach 6 schließen. Wendeöffnung aussparen.
Nun Vorder- und Rückenteil zusammennähen.
Zunächst Außennaht schließen: 17 über 10, 8, 18, 2, 3, 1, 18, 8, 10 nach 17.
Dann Innennaht schließen: 17 über 10-6-10 nach 17.
Fußabnäher zunähen, an die Beine nähen und Sohlen einarbeiten.
Körper wenden. Dazu jeweils an den Arm-, Bein- und Schwanzspitzen mit Hilfe eines Kochlöffels beginnen.
Schraube vom Kopf vorsichtig an Punkt 1 durchstecken, Scheibe gegensetzen und mit der Flügelmutter festdrehen.
Beine und Arme mit Granulat füllen.
Körper fest mit Füllwatte ausstopfen.
Achtung: Schwanz wird nicht gefüllt.
Wendeöffnung schließen und Halstuch umlegen.

Igel Max

Schnittmuster siehe Vorlagenbogen Seite B

Material

- Igelfell, Florhöhe 23 mm, 35 x 35 cm
- Fell in Beige, Florhöhe 11 mm, 50 x 35 cm
- Fell in Schwarz, Florhöhe 11 mm, 12 x 15 cm
- Augen in Schwarz, 14 mm Ø
- Gelenk, 35 mm Ø
- Granulat und Füllwatte

So wird's gemacht

Kopf

Nase von 1 nach 2 annähen.
Gesicht an die Kopfseitenteile nähen
(von 3 nach 4).
Augen an den angegebenen Punkten einarbeiten.
Kopfteile zusammennähen (5-4-2-1-3-6).
Kopf wenden und gleichmäßig rund und fest mit
Füllwatte stopfen. Nasenspitze nicht vergessen.
Hals frei lassen, Gelenkschraube und -scheibe
hineinstecken und fest zunähen.

Körper

Pfoten von 13 nach 14 und Beine von 8 nach 9
an die Vorderteile arbeiten.
Bauchnaht schließen (17-8-20).
Arme von 15 nach 16 und Beine von 9 nach 7
an die Rückenteile nähen.
Rückennaht von 17 über 7 nach 20 schließen.
Wendeöffnung aussparen.
Füße an das Vorderteil arbeiten (19-10-19)
und Abnäher schließen.
Rücken- und Vorderteil zusammennähen
(18-19-9-16-14-13-17-13-14-16-9-19-18 und
18-19-20-19-18).
Sohlen einfügen.
Körper wenden.
Schraube vom Kopf vorsichtig am Hals (17)
durchstecken, Scheibe gegensetzen und mit
der Flügelmutter festdrehen.
Arme und Beine locker mit Granulat füllen.
Körper fest mit Füllwatte ausstopfen.
Wendeöffnung schließen.

Hund Paulchen

Schnittmuster siehe Vorlagenbogen Seite B

Material

- Fell in Grau-Braun, Florhöhe 17 mm, 70 x 50 cm
- Fell in Grau-Braun, Florhöhe 7 mm, 12 x 10 cm
- Fell in Schwarz für die Nase, Florhöhe 7 mm,
  3 x 2 cm
- Augen in Braun, 14 mm Ø
- Gelenk, 35 mm Ø
- Füllwatte
- Halstuch, 25 x 25 cm

So wird's gemacht

Kopf

Ohren nähen und wenden.
Schwarze Nase an den Keil nähen.
Keil in die beiden Kopfseitenteile arbeiten
(A-C-D-F-G), dabei Ohren (ungefüllt) mit einfügen.
Augen an den angegebenen Punkten einsetzen.
Nähte von G nach H und von J über A nach E
schließen. E muss oben sein.
Kopf wenden und mit Füllwatte ausstopfen.
Dabei Nasenspitze nicht vergessen.
Hals frei lassen, Gelenkschraube und -scheibe
hineinstecken und fest zunähen.

Körper

Beine von P nach R und von M nach O an die
Bauchteile arbeiten.
Bauchnaht schließen. Wendeöffnung aussparen.
Rückennaht von J nach K nähen.
Rücken- und Bauchteil zusammenfügen
(J-P-R-L-M-O-K).
Körper wenden.
Schraube vom Kopf vorsichtig an Punkt X
durchstecken, Scheibe gegensetzen und mit
der Flügelmutter festdrehen.
Beine, Schwanz und Körper fest mit Füllwatte
ausstopfen.
Wendeöffnung schließen und Halstuch umlegen.

Frick und Frack, die Pinguine

Schnittmuster siehe Vorlagenbogen Seite C

Material (für ein Tier)

- Fell in Schwarz, Florhöhe 13 mm, 35 x 35 cm
- Fell in Rot oder Gelb, Florhöhe 7 mm,
  23 x 15 cm
- Fell in Weiß, Florhöhe 13 mm, 12 x 8 cm
- Augen in Weiß oder Blau, 12 mm Ø
- Gelenk, 35 mm Ø
- Granulat und Füllwatte
- Sticktwist in Schwarz
- Schal in Rot oder Gelb

So wird's gemacht

Kopf

Augen an den angegebenen Punkten einsetzen.
Schnabelteile von A über B nach A zusammen-
nähen.
Schnabel an die Kopfseitenteile arbeiten,
jeweils D über A nach C.
Naht von E über C nach X und Naht von O über
D nach F nähen.
Kopf wenden und gleichmäßig rund und fest mit
Füllwatte stopfen. Schnabel nicht vergessen.
Hals frei lassen, Gelenkschraube und -scheibe
hineinstecken und fest zunähen.

Körper

Vorderteile von H nach M aneinander fügen.
Bauch einarbeiten (G-H-G).
Füße von S über P nach S annähen.
Rückennaht von I über J nach M schließen.
Wendeöffnung aussparen.
Sohlen annähen (S-T-S).
Rücken an das Vorderteil arbeiten
(I-K-S-R-S-M-S-R-S-K-I).
Körper wenden.
Schraube vom Kopf vorsichtig durch Punkt I
stecken, Scheibe gegensetzen und mit der
Flügelmutter festdrehen.
Flügel und Füße mit je zwei Kaffeelöffeln
Granulat füllen.
Füße und Körper fest mit Füllwatte ausstopfen.
Wendeöffnung schließen.
Füße von Hand absteppen.
Schal umlegen.

Kater Mike

Schnittmuster siehe Vorlagenbogen Seite C

Material

- Katzenfellimitat, Florhöhe 17 mm, 70 x 50 cm
- Fell in Weiß, Florhöhe 13 mm, 25 x 14 cm
- Fell in Weiß für die Ohren, Florhöhe 6 mm, 15 x 6 cm
- Augen in Gelb oder Grün, 18 mm Ø
- Nase aus Kunststoff, 20 mm Ø
- Gelenk, 45 mm Ø
- Sticktwist in Schwarz
- Nylonfaden in Schwarz
- Granulat und Füllwatte
- Halstuch, 25 x 25 cm, mit Maus-Applikation

So wird's gemacht

Kopf

Teile, wie abgebildet, zusammennähen.

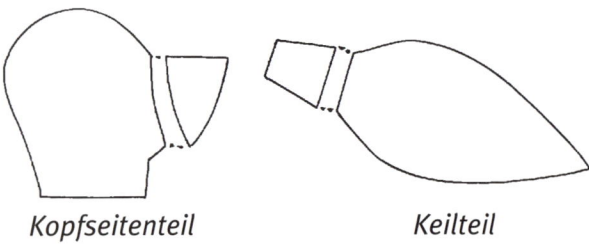

Kopfseitenteil   *Keilteil*

Keil in die beiden Kopfseitenteile (von A über B nach D) einarbeiten.
Augen an den angegebenen Punkten einsetzen.
Naht von J über A nach H schließen.
Kunststoffnase durch die Öffnung H-G-H stecken und wie die Augen befestigen.
Naht von J über C nach F und Naht von D nach E schließen.

Kopf wenden und gleichmäßig rund und fest mit Füllwatte stopfen, Gelenkschraube und -scheibe in den Hals stecken und die Öffnung fest zunähen.
Ohren nähen, wenden, Nahtzugabe nach innen klappen und Ohren mit Matratzenstich an den Kopf nähen (ohne Füllung).
Mund sticken, Barthaare einziehen.

Körper

Vorderteil: Pfoten von 1 nach 2, Beine von 16 nach 5 und Füße von 7 über 8 nach 7 an die beiden Vorderteile arbeiten.
Fußabnäher schließen.
Bauchnaht zunähen (von 12 über 5 nach 6).
Rückenteil: Beine von 16 nach 17 und die Schwanzhälften von 13 nach 15 an die beiden Rückenteile nähen.
Rückennaht von 12 über 13, 14, 15, 17 nach 6 schließen. Wendeöffnung aussparen.
Jetzt Vorder- und Rückenteil aneinander fügen. Zunächst
Außennaht: 9-7-16-3-2-1-12-1-2-3-16-7-9 und dann Innennaht: 9-7-6-7-9.
Sohlen einarbeiten.
Körper wenden. Dazu jeweils an den Arm-, Fuß- und Schwanzspitzen mit Hilfe eines Kochlöffels beginnen.
Schraube vom Kopf vorsichtig an Punkt 12 durchstecken, Scheibe gegensetzen und mit der Flügelmutter festdrehen.
Beine und Arme mit Granulat füllen.
Körper fest mit Füllwatte ausstopfen (Schwanz bleibt ohne Füllung), Wendeöffnung schließen.
Krallen sticken und Halstuch umlegen.

Affe Charly

Schnittmuster siehe Vorlagenbogen Seite C

Material

- Fell in Braun, Florhöhe 17 mm, 70 x 45 cm
- Fell in Beige, Florhöhe 11 mm, 23 x 11 cm
- Fell in Beige, Florhöhe 7 mm, 34 x 17 cm
- Augen in Braun, 16 mm Ø
- Gelenk, 35 mm Ø
- Granulat und Füllwatte
- Sticktwist in Schwarz
- Halstuch, 25 x 25 cm

So wird's gemacht

Kopf

Keil in die beiden Kopfseitenteile (jeweils von A nach D) einarbeiten.

Augenteil annähen, von C über A, B, A wieder nach C.

Schnauzenoberteil annähen (E-C-C-E).

Abnäher schließen (H).

Augen an den angegebenen Punkten einsetzen.

Schnauzenunterteil an das Oberteil nähen, F über E nach H und zurück über E nach F.

Nähte T nach D und X über F nach G schließen.

Kopf wenden und gleichmäßig rund und fest mit Füllwatte stopfen. Dabei Hals frei lassen.

Gelenkschraube und -scheibe in den Hals stecken und die Öffnung fest zunähen.

Mund sticken.

Ohren nähen, wenden und seitlich an den Kopf nähen.

Körper

Hände (viermal von 1 nach 2) und Beine (von K nach J bzw. K nach N) an die jeweiligen Körperhälften nähen.

Sohlen an die Rückenteile arbeiten (von R über L nach O).

Füße an die Vorderteile nähen (von R über P nach O).

Bauchnaht I über N nach M und die Rückennaht, bis auf die Wendeöffnung, von I über J nach M schließen.

Vorder- und Rückenteil zusammenfügen (I-1-2-Z-K-O-S-R-M-R-S-O-K-Z-2-1-I).

Körper wenden.

Schraube vom Kopf vorsichtig an der markierten Stelle I durchstecken, Scheibe gegensetzen und das Gelenk mit der Flügelmutter festdrehen.

Arme und Beine mit je fünf Kaffeelöffeln Granulat, Füße und Hände mit etwas Watte füllen.

Körper mit Füllwatte ausstopfen.

Wendeöffnung schließen.

Hände und Füße mit je vier Nähten absteppen.

Maulwurf Theobald

Schnittmuster siehe Vorlagenbogen Seite C

Material

- Fell in Schwarz, Florhöhe 11 mm, 50 x 35 cm
- Fell in Hellbraun, Florhöhe 7 oder 11 mm, 25 x 11 cm
- Fell in Rotbraun für die Nase, Florhöhe 7 oder 11 mm, 4 x 4 cm
- Augen in Schwarz, 12 mm Ø
- Gelenk, 35 mm Ø
- Filz in Schwarz
- Watte und Granulat
- Schürze aus grünem Filz und Strohhut

So wird's gemacht

Kopf

Augen an den angegebenen Punkten einsetzen.
Nase an die beiden Kopfhälften arbeiten
(von C nach B).
Naht A über B und C nach D schließen.
Kopf wenden und gleichmäßig rund und fest mit
Füllwatte stopfen. Dabei Nase nicht vergessen.
Hals frei lassen, Gelenkschraube und -scheibe
hineinstecken und fest zunähen.

Körper

Hände von 4 nach 3 annähen.
Füße von J über K nach J annähen.
Rückennaht von E nach G schließen.
Wendeöffnung aussparen.
Vordernaht von F nach G nähen.
Sohlen an die Hinterbeine arbeiten
(von J über O nach J).
Rücken- und Vorderteil zusammenfügen
(E-3-7-8-4-M-J-5-X-6-J-G-J-6-X-5-J-M-4-8-7-3-E).

Zu beachten ist dabei, dass die vier schwarzen
Fuß- bzw. Handteile aus Filz mit eingenäht
werden.
Körper wenden.
Schraube vom Kopf vorsichtig durch Punkt E
stecken, Scheibe gegensetzen und mit der
Flügelmutter festdrehen.
Füße und Arme mit je zwei Kaffeelöffeln
Granulat füllen.
Beine und Körper fest mit Füllwatte ausstopfen.
Wendeöffnung schließen.
Filzzacken vorsichtig ausschneiden.
Schürze umbinden.

Minka und Molly, die Schmusekatzen

Schnittmuster siehe Vorlagenbogen Seite D

Material für Minka

- Fell in Schwarz, Florhöhe 13 mm, 35 x 35 cm
- Fell in Weiß, Florhöhe 11 mm, 13 x 10 cm
- Katzenaugen in Gelb oder Grün, 12 mm Ø
- Nase aus Kunststoff, 15 mm Ø
- Gelenk, 25 mm Ø
- Sticktwist in Schwarz
- Füllwatte
- evtl. Halstuch

So wird's gemacht

Kopf
Siehe Arbeitsanleitung »Kater Mike« auf Seite 36.

Körper
Schwanzspitzen annähen (von O nach P).
Rückennaht von K über O und P nach L schließen.
Bauchnaht von K nach L schließen. Dabei Wende-öffnung aussparen.
Körperteile zusammennähen (zweimal K über M nach L).
Körper wenden.
Schraube vom Kopf vorsichtig an der markierten Stelle durchstecken, Scheibe gegensetzen und mit der Flügelmutter festdrehen.
Beine und Körper fest ausstopfen.
Wendeöffnung schließen und Halstuch umlegen.

Material für Molly

- Fell in Schwarz, Florhöhe 13 mm, 45 x 46 cm
- Fell in Weiß, Florhöhe 11 mm, 14 x 11 cm
- Katzenaugen in Gelb oder Grün, 14 mm Ø
- Nase aus Kunststoff, 18 mm Ø
- Gelenk, 35 mm Ø
- Sticktwist in Schwarz
- Füllwatte
- Halstuch, 25 x 25 cm

So wird's gemacht

Kopf
Siehe Arbeitsanleitung »Kater Mike« auf Seite 36.

Körper
Weiße Schwanzspitzen von X nach Y annähen.
Rückenteile zusammennähen (L-X-Y-K).
Bauchnaht von L nach K schließen. Wendeöffnung aussparen.
Beine annähen (von R nach S und von O nach P).
Körperteile aufeinander legen und Außennaht schließen (L-R-S-M-O-P-K-P-O-M-S-R-L).
Körper wenden.
Schraube vom Kopf vorsichtig an der markierten Stelle durchstecken, Scheibe gegensetzen und mit der Flügelmutter festdrehen.
Beine und Körper fest ausstopfen.
Wendeöffnung schließen und Halstuch umlegen.

Känguru Skippy mit Baby

Schnittmuster siehe Vorlagenbogen Seite D

Material

- Fell in Braun, Florhöhe 17 mm, 60 x 46 cm
- Fell in Beige, Florhöhe 11 mm, 35 x 28 cm
- Fell in Beige, Florhöhe 7 mm, 40 x 13 cm
- Fell in Braun, Florhöhe 9 mm, 25 x 18 cm
- Lederimitat in Beige für Babyohren, 8 x 8 cm
- Fell in Schwarz, Florhöhe 7 mm, 5 x 5 cm
- 2 Paar Augen in Schwarz, einmal 14 mm Ø und einmal 8 mm Ø
- 2 Gelenke, einmal 35 mm Ø und einmal 15 mm Ø
- Sticktwist in Schwarz
- Füllwatte

So wird's gemacht

Kopf Känguru Skippy

Ohren nähen (von O über K nach O) und wenden. Kopfseitenteile und Keil, wie abgebildet, zusammenfügen.

Kopfseitenteil   *Keilteil*

Keil in die beiden Kopfseitenteile einarbeiten (von A über B und D nach C). Ohren mit einfügen und dabei Punkte O beachten.
Augen an den angegebenen Stellen einsetzen.
Naht von G über A nach E schließen (E muss oben sein!).

Naht von C nach H schließen.
Kopf wenden und gleichmäßig rund und fest mit Füllwatte stopfen. Dabei Nasenspitze nicht vergessen.
Hals frei lassen, Gelenkschraube und -scheibe hineinstecken und fest zunähen.

Körper Känguru Skippy

Beininnenteile an die Rückenteile nähen (von 9 nach 10 und von 8 über 11 bis 12).
Sohlen einarbeiten.
Rückennaht schließen (von 1 nach 2 und von 3 nach 4).
Schwanzunterteil von 5 über 4 nach 5 einfügen.
Den Beutel oben 1 cm umschlagen und Saum annähen.
Abnäher an Beutel- und Vorderteil schließen.
Beutelteil an das Vorderteil nähen (15-16-15 und danach zweimal 15-12-17).
Wichtig: Punkt 19 beachten!
Arme von 13 nach 14 annähen.
Vorderteil an das Rückenteil arbeiten.
Naht 7, 5, 6, 5, 7 und beide Seitennähte bis Punkt 1 einfügen (7, 10, 12, 13, 14, 1).
Körper wenden, dabei jeweils an den Arm-, Fuß- und Schwanzspitzen mit Hilfe eines Kochlöffels beginnen.
Schraube vom Kopf vorsichtig an Punkt 1 durchstecken, Scheibe gegensetzen und mit der Flügelmutter festdrehen.
Schwanz, Beine, Arme und Körper fest mit Füllwatte ausstopfen.
Wendeöffnung schließen und Mund sticken.

Kopf Kängurubaby

Kleinere Augen einsetzen und Kopfseitenteile
aneinander nähen.
Kopf wenden und gleichmäßig ausstopfen.
Kleinere Gelenkschraube und -scheibe einsetzen
und Hals fest zunähen.

Körper Kängurubaby

Arme (von 8 nach 7) und Beine (von 6 über 9
nach 5) an das Rückenteil nähen.

Rückennaht von 3 nach 4 schließen.
Wendeöffnung aussparen.
Bauchteil einarbeiten (jeweils 4, 6, 5, 7, 8, 3).
Körper wenden.
Kopf an Punkt 3 befestigen.
Schwanz, Beine, Arme und Körper mit Füllwatte
ausstopfen. Dabei beachten, dass das Baby nicht
zu dick wird und noch in den Beutel passt.
Ohren nähen, wenden und im Matratzenstich an
den Kopf nähen. Nase sticken.

Lamm Jerry

Schnittmuster siehe Vorlagenbogen Seite C

Material

- Fell in Beige, gelockt, Florhöhe 23 mm, 40 x 35 cm
- Fell in Beige, Florhöhe 11 mm, 35 x 25 cm
- Augen in Schwarz, 12 mm Ø
- Gelenk, 25 mm Ø
- 2 Pfeifenputzer, je 30 cm lang
- Sticktwist in Schwarz
- Füllwatte

So wird's gemacht

Kopf

Siehe Anleitung »Lamm Ricky« auf Seite 11.

Körper

Bauchnaht von H nach G und die Rückennaht von H über K nach G schließen. Bei Bauchnaht Wendeöffnung aussparen.
Füße an die Beine arbeiten (achtmal von M nach O).
Rücken- und Bauchteil zusammenfügen (siehe auch Seite 14/15).
Sohlen einnähen.
Körper wenden.
Kopf an der Markierung durchstecken, Scheibe gegensetzen und mit der Flügelmutter festdrehen.
Beine und Körper fest mit Füllwatte ausstopfen.
Wendeöffnung schließen.

Impressum

Das Werk einschließlich aller seiner Teile ist urheberrechtlich geschützt. Jede Verwertung außerhalb des Urhebergesetzes ist ohne Zustimmung des Verlages unzulässig und strafbar. Das gilt insbesondere für Vervielfältigungen, Übersetzungen, Mikroverfilmungen und die Einspeicherung und Verarbeitung in elektronischen Systemen.

Es ist deshalb nicht gestattet, Abbildungen dieses Buches zu scannen, in PCs oder auf CDs zu speichern oder in PCs/Computern zu verändern oder einzeln oder zusammen mit anderen Bildvorlagen zu manipulieren, es sei denn mit schriftlicher Genehmigung des Verlages.

Die im Buch veröffentlichten Ratschläge wurden von Verfasserin und Verlag sorgfältig erarbeitet und geprüft. Eine Garantie kann dennoch nicht übernommen werden. Ebenso ist eine Haftung der Verfasserin bzw. des Verlages und seiner Beauftragten für Personen-, Sach- und Vermögensschäden ausgeschlossen.

Jede gewerbliche Nutzung der Arbeiten und Entwürfe ist nur mit Genehmigung von Verfasserin und Verlag gestattet.

Bei der Anwendung im Unterricht und in Kursen ist auf dieses Buch hinzuweisen.

Die Deutsche Bibliothek – CIP-Einheitsaufnahme
Ein Titeldatensatz für diese Publikation ist bei
Der Deutschen Bibliothek erhältlich.

Fotografie: Bjarne Geiges, München
Lektorat: Susanne Gugeler, Mering
Umschlagkonzeption: Kontrapunkt, Kopenhagen
Layout und Satz: KL-Grafik, München
Herstellung und Umschlaglayout: Karin Kristen
Reproduktion: LithoArt, München
Druck und Bindung: Uhl, Radolfzell

Augustus Verlag München 2001
© Weltbild Ratgeber Verlage GmbH & Co. KG.

Gedruckt auf 115 g umweltfreundlich elementar chlorfrei gebleichtes Papier.

ISBN 3-8043-0899-6

Printed in Germany

Bezugsquelle

Falls sich in Ihrer Nähe kein Fachgeschäft befindet, über das Sie Felle und Zubehör beziehen können, wenden Sie sich bitte an:

Die Bastelstube
Kölner Str. 23
42117 Wuppertal
Tel: 02 02/42 17 31
Fax: 02 02/42 88 30

Email: info@diebastelstube.net
Web: www.diebastelstube.net